EFFET QU IA

Le Leadership Intelligent dans un Monde
VUCA

KATIA DORIA FONSECA VASCONCELOS

Dédié à :

À mes chers enfants, Mario (Teik), Bruna, Victor et Bárbara, qui sont une source d'inspiration et la raison de ma quête incessante de connaissance. Vous êtes ma force et ma motivation pour partager mes idées et expériences.

À mon mari José de Vasconcelos Filho, dont la collaboration et le soutien ont été essentiels dans la création de ce livre. Votre dévouement et votre soutien indéfectibles sont un précieux cadeau dans ma vie.

À mes chers petits-enfants, Davi, Vivi et João Gabriel, qui représentent la continuité de nos histoires et l'espoir d'un brillant avenir. Que ce livre puisse les inspirer à explorer leurs passions et à rechercher la vérité en toutes choses.

À mes gendres et belles-filles, Nikolas Bucvar, Eduardo, Jana et Jacque, qui renforcent notre famille par leur amour, leur soutien et leurs contributions précieuses.

Je vous remercie de faire partie de ce voyage et de partager vos perspectives et expériences enrichissantes.

Qu'il soit dédié à vous tous, ma chère famille, avec tout mon amour et ma gratitude.

Katia Doria Fonseca Vasconcelos

INTRODUCTION

Dans un monde VUCA, où la volatilité, l'incertitude, la complexité et l'ambiguïté sont constantes, le leadership traditionnel basé sur des hiérarchies verticales n'est plus efficace pour relever les défis et les incertitudes qui imprègnent l'environnement des affaires. Les organisations doivent adopter une nouvelle approche de leadership qui soit agile, adaptable et collaborative.

Dans ce contexte, émerge le concept de l'effet QU IA, qui représente la puissante combinaison entre le Quotient d'Intelligence Universel Synchronique (QU) et l'application stratégique de l'Intelligence Artificielle (IA). Cette approche novatrice vise à équilibrer les potentiels humains avec le soutien technologique, transformant le leadership en une force motrice de stabilité au milieu du chaos.

L'effet QU IA agit comme le battement d'ailes d'un papillon, déclenchant une série d'événements et provoquant un effet en cascade. De la même manière, le leadership intelligent basé sur l'effet QU IA a le pouvoir d'influencer positivement le cours des événements, orientant la transformation du VUCA vers une nouvelle ère de stabilité et de succès.

En équilibrant les potentiels humains représentés par le QU avec l'application stratégique de l'IA, il est possible de créer un environnement de travail collaboratif, engagé et productif. Le leadership cesse d'être vertical et devient partagé, valorisant la collaboration et la synergie entre les membres de l'équipe. Cette approche permet à chacun d'avoir l'opportunité de contribuer et d'influencer les résultats, renforçant ainsi les compétences individuelles au service du collectif.

L'application stratégique de l'IA dans un leadership intelligent apporte des avantages significatifs, facilitant la communication, optimisant les processus et fournissant un soutien dans la prise de décision. Les technologies de l'IA peuvent être utilisées pour partager des informations, analyser des données et identifier des schémas, contribuant ainsi à une prise de décision éclairée et efficace.

En adoptant l'effet QU IA dans le leadership dans un monde VUCA, les organisations seront mieux préparées à relever les défis avec confiance, adaptabilité et efficacité. Un leadership partagé et collaboratif, associé à l'utilisation stratégique de l'IA, favorise la création d'un environnement de travail plus innovant, résilient et productif.

Dans ce livre, nous explorerons en profondeur le pouvoir de l'effet QU IA dans un leadership intelligent dans un monde VUCA. Nous examinerons des études de cas, des recherches scientifiques et des théories pertinentes pour fournir une vision complète et fondée sur la manière d'utiliser l'effet papillon du QU IA pour influencer positivement la transformation du VUCA. Tout au long des prochaines pages, vous découvrirez comment ce concept peut catalyser le changement et stimuler la stabilité et le succès au sein de votre organisation.

Nous espérons susciter votre intérêt et vous invitons à embarquer dans ce voyage de découverte et de transformation.

Ensemble, explorons le pouvoir de l'effet QU IA et son application dans un leadership intelligent dans un monde en mouvement constant.

Considérations Initiales

Dans l'ère du monde VUCA, le leadership vertical traditionnel n'est plus efficace pour faire face aux défis et aux incertitudes qui imprègnent l'environnement des affaires. Pour que les organisations prospèrent dans ce contexte en constante évolution, il est essentiel d'adopter une nouvelle approche du leadership. Dans ce contexte, les dirigeants doivent se préparer à une nouvelle façon d'attribuer leurs fonctions, où la collaboration et la synergie entre les membres de l'équipe sont valorisées.

En mettant en œuvre le concept de QU (Quotient d'Intelligence Universel Synchronique) au sein de toute l'équipe, il est possible d'atteindre des résultats extraordinaires. Le QU agit comme une force motrice, stimulant la collaboration, l'engagement et la productivité des membres de l'équipe. En calibrant le QU pour chaque individu, nous créons un environnement propice à la créativité, à l'innovation et à la résolution de problèmes complexes.

Dans cette nouvelle forme de leadership, le focus ne se limite plus à la figure du leader en haut de la hiérarchie, mais s'étend à toute l'équipe. Les fonctions sont attribuées en fonction des compétences individuelles, et le travail d'équipe devient une priorité. Le leadership cesse d'être vertical pour devenir un leadership partagé, dans lequel chacun a l'occasion de contribuer et d'influencer les résultats.

La collaboration devient la base de la prise de décisions, permettant l'intégration de différentes perspectives et l'exploitation maximale du potentiel de chaque membre de l'équipe. La synergie générée par la calibration du QU se traduit par une dynamique de travail plus harmonieuse, où les talents individuels se complètent et se renforcent mutuellement.

En outre, la calibration du QU crée un environnement de travail plus positif et motivant. Les membres de l'équipe se sentent plus engagés, car ils savent que leurs contributions sont valorisées et qu'ils font partie d'un tout plus grand. Cette connexion entre les individus favorise un sentiment d'appartenance et de but, stimulant la productivité et la réalisation des objectifs organisationnels.

Il est donc essentiel que les dirigeants soient préparés à cette nouvelle approche d'attribution des fonctions, où le leadership collaboratif et la calibration du QU sont essentiels. En adoptant cette approche, les organisations seront mieux placées pour faire face à la volatilité, l'incertitude, la complexité et l'ambiguïté du monde VUCA. La collaboration et l'équilibre du QU deviennent la clé pour une équipe plus collaborative, engagée et productive, prête à relever les défis et à obtenir des résultats exceptionnels.

La transition vers un leadership partagé et collaboratif n'est pas une tâche simple. Alors que le modèle hiérarchique traditionnel est profondément ancré dans les pratiques commerciales, l'adoption d'une approche de leadership plus horizontale nécessite une transformation culturelle et structurelle dans toute l'organisation. Il est nécessaire que le leadership de l'entreprise, du sommet hiérarchique aux niveaux inférieurs, soit aligné sur cette nouvelle ère du partage.

Dans cette nouvelle approche, le concept de QU et les outils qu'il propose jouent un rôle fondamental. Le QU fournit un cadre d'aide au développement des compétences nécessaires pour un leadership partagé, telles que la capacité d'écouter, de communiquer de manière claire et transparente, et d'encourager la participation active de tous les membres de l'équipe. Grâce à l'équilibre du QU, les dirigeants sont habilités à prendre des décisions plus éclairées, en tenant compte de différentes perspectives et en maximisant le potentiel de chaque individu.

De plus, l'Intelligence Artificielle (IA) s'intègre parfaitement à ce type de gestion collaborative. Les technologies de l'IA peuvent jouer un rôle crucial en facilitant la communication, le partage d'informations et le soutien à la prise de décisions. Par exemple, des chatbots peuvent être utilisés pour fournir un support immédiat et répondre aux questions de l'équipe, permettant ainsi aux dirigeants de se concentrer sur des tâches stratégiques et le développement des compétences de leurs subordonnés. Les algorithmes d'IA peuvent également aider à l'analyse des données et à l'identification de schémas, contribuant ainsi à une prise de décision plus informée et efficace.

Cependant, il est important de souligner que la mise en œuvre du leadership partagé et de l'utilisation de l'IA présente des défis organisationnels significatifs. Le changement de mentalité et la rupture des paradigmes peuvent rencontrer une résistance de la part des dirigeants établis, qui peuvent se sentir menacés par la perte de pouvoir et de contrôle. Il est donc nécessaire de sensibiliser, de former et d'impliquer tous les membres de l'organisation, des dirigeants aux collaborateurs, pour qu'ils comprennent les avantages de cette approche.

En outre, le leadership partagé nécessite une culture organisationnelle ouverte et inclusive, où les voix de tous sont entendues et valorisées. Cela nécessite la création d'espaces de dialogue, la promotion de la diversité et la valorisation des contributions individuelles. La confiance mutuelle entre dirigeants et subordonnés devient également essentielle pour la réussite de ce modèle, permettant le partage des responsabilités et la prise de décisions conjointes.

En adoptant le leadership partagé et en utilisant les outils fournis par le concept de QU, combinés au potentiel de l'IA, les organisations seront mieux préparées à relever les défis de l'époque actuelle. La capacité à s'adapter rapidement, à innover et à prendre des décisions éclairées devient un avantage compétitif significatif. Le leadership partagé, associé à la technologie, permet de créer un environnement de travail plus collaboratif, engagé et productif, impulsant le succès de l'organisation dans son ensemble.

Nous espérons que vous avez compris l'importance et le potentiel de l'effet QU IA dans un leadership intelligent dans un monde VUCA. Tout au long de ce livre, nous approfondirons encore davantage ces concepts, en fournissant des exemples pratiques, des idées et des orientations pour que vous puissiez les appliquer dans votre propre parcours de leadership. Nous sommes prêts à explorer ensemble le pouvoir de l'effet QU IA et à transformer le VUCA en une ère de stabilité et de succès.

TABLE DES MATIÈRES

Introduction *6*

Considérations Initiales *13*

Comprendre les principes du QU *28*

LES PRINCIPES DU QU ET LEUR
APPLICATION DANS LE LEADERSHIP 34

Challenge de Projet 39

Maximiser le Potentiel des Équipes .. *55*

Développer la Collaboration et la
Productivité 56

Leadership Transformationnel et les
Principes du QU 58

Leadership Collaboratif Horizontal:
Rendre possible le style de leadership
avec la mise en œuvre du QU et de l'IA
.... *61*

Le Concept de Leadership Collaboratif
Horizontal 61

Définition et Principes Fondamentaux 62

Avantages et Avantages pour
l'Organisation *65*

Mise en œuvre du Leadership
Collaboratif Horizontal avec la
Paramétrisation du QU et de l'IA *69*

La Paramétrisation de l'IA avec les Principes du QU comme Outil Puissant en Leadership ... *73*

Prise de décision éclairée ... 73

Identification des talents et développement 74

Gestion du changement et adaptabilité ... *76*

Amélioration de la communication et de l'engagement ... 77

Gestion de la diversité et inclusion ... 79

Mise en œuvre du Leadership Horizontal Collaboratif avec la Paramétrisation du QU et de l'IA : Études de cas et conseils pratiques ... *82*

Études de cas d'organisations ayant mis en œuvre le Leadership Horizontal Collaboratif ... 82

Conseils pratiques pour mettre en œuvre le Leadership Horizontal Collaboratif avec l'Aide de la Paramétrisation du QU et de l'IA ... 85

Conclusion ... *91*

COMPRENDRE LES PRINCIPES DU QU

Le succès humain est stimulé par l'équilibre des principes du QU (Quotient d'Intelligence Universel Synchronique), un concept étayé par des recherches scientifiques et des études de cas. Divers experts et chercheurs ont exploré les aspects du QU et son impact dans différents domaines de la vie humaine, fournissant des informations précieuses sur la manière d'appliquer ces principes de manière efficace.

Une étude menée par des chercheurs de l'Université de Stanford a révélé l'importance du développement de la résilience et du contrôle émotionnel dans l'obtention de résultats positifs dans les carrières et les relations. Cette recherche a souligné comment la capacité à faire face aux adversités et à contrôler les émotions contribue à prendre des décisions éclairées et à construire des relations saines et productives.

Clayton Christensen, éminent professeur de gestion des affaires à Harvard, a souligné que l'innovation disruptive nécessite un changement d'approche et la surmontée de paradigmes dépassés. Il a souligné que le succès réside dans l'acceptation du changement et l'adaptation rapide aux nouvelles circonstances.

Daniel Kahneman, psychologue et économiste lauréat du prix Nobel, nous rappelle que nos décisions sont influencées par la façon dont nous voyons les problèmes. En adoptant une perspective positive et en considérant les défis comme des opportunités d'apprentissage, nous pouvons prendre des décisions plus éclairées et obtenir de meilleurs résultats. La théorie de l'intelligence émotionnelle, développée par Daniel Goleman, se aligne également avec le concept du QU, en mettant l'accent sur l'importance de l'équilibre émotionnel pour le succès personnel et professionnel.

Howard Gardner, éminent psychologue et professeur à la Harvard Graduate School of Education, souligne l'importance d'équilibrer et de développer toutes nos intelligences. Il nous encourage à reprogrammer notre approche éducative, en valorisant non seulement l'intelligence logico-mathématique, mais aussi l'intelligence émotionnelle, musicale, spatiale, et autres, nous permettant d'explorer tout notre potentiel.

Ces grands noms, ainsi que d'autres défenseurs de la pensée

innovante, soulignent l'importance d'adopter une nouvelle perspective face aux problèmes. En comprenant et en appliquant les principes du QU - Vision 360, Résilience, Adaptabilité, Contrôle Emotionnel et Synchronicité - nous serons prêts à relever les défis avec confiance, créativité et efficacité.

Chacun de ces principes joue un rôle fondamental dans la recherche de l'équilibre et le développement de notre potentiel. La Vision 360 consiste à avoir une perspective globale et complète de toutes les dimensions de notre vie, en comprenant les interconnexions entre différentes zones et en identifiant des opportunités que d'autres pourraient ne pas percevoir.

La Résilience nous permet de faire face aux adversités, de surmonter les obstacles et de nous rétablir rapidement face à des situations difficiles. Développer la résilience signifie apprendre des expériences difficiles, rechercher des solutions créatives et continuer à avancer, même en cas de difficultés.

L'Adaptabilité nous permet de nous ajuster et de nous adapter à différentes circonstances et exigences. C'est la capacité d'être flexible, ouvert aux changements et prêt à expérimenter de nouvelles approches. Développer l'adaptabilité nous pousse à sortir de notre zone de confort, à essayer de nouvelles façons de faire les choses et à nous adapter aux changements dans notre environnement.

Le Contrôle Emotionnel est essentiel pour faire face aux situations de pression et de stress. En développant le contrôle émotionnel, nous sommes capables de reconnaître nos émotions, de les gérer efficacement et de prendre des décisions rationnelles tout en maintenant l'équilibre émotionnel dans des situations difficiles.

La Synchronicité se réfère à l'harmonie et à la coordination de nos actions dans l'environnement dans lequel nous sommes impliqués. C'est la capacité de synchroniser nos tâches, projets et objectifs pour obtenir un flux de travail efficace et efficace. Développer la synchronicité nous pousse à organiser nos activités, à établir des priorités et à trouver des moyens d'optimiser notre temps et nos ressources.

En comprenant ces principes et en recherchant l'équilibre entre eux, nous serons mieux préparés pour faire face aux défis de l'environnement des affaires et atteindre le succès personnel et professionnel. Dans le prochain chapitre, nous approfondirons notre compréhension de chacun de ces principes et de leur application pratique dans nos vies.

LES PRINCIPES DU QU ET LEUR APPLICATION DANS LE LEADERSHIP

L'approche du QU (Quotient d'Intelligence Universel Synchronique) offre un cadre puissant pour comprendre et équilibrer les potentiels humains. Ces principes du QU peuvent être appliqués au leadership d'équipe, permettant aux dirigeants de développer des environnements de travail plus collaboratifs, productifs et alignés sur les objectifs organisationnels.

Le premier principe, la Vision 360, implique d'avoir une perspective globale et complète de tous les aspects du travail et de l'équipe. Les dirigeants qui appliquent ce principe cherchent à prendre en compte différentes perspectives, en écoutant activement les membres de l'équipe et en tenant compte de leurs contributions et idées. En valorisant la diversité des opinions, des expériences et des connaissances, les dirigeants peuvent prendre des décisions plus éclairées et créer un environnement de travail inclusif et participatif.

La Résilience est un autre principe essentiel en leadership. Les dirigeants résilients sont capables de faire face aux adversités et de surmonter efficacement les obstacles. Ils sont des modèles de résilience pour l'équipe, montrant comment faire face aux défis et apprendre des expériences. En cultivant la résilience au sein de l'équipe, les dirigeants encouragent une mentalité positive face aux adversités, favorisant l'innovation et la recherche de solutions créatives.

L'Adaptabilité est essentielle pour diriger dans un environnement en constante évolution. Les dirigeants adaptables sont flexibles et ouverts à de nouvelles idées, s'ajustant rapidement aux demandes et aux défis émergents. Ils encouragent l'expérimentation et l'apprentissage continu, permettant à l'équipe de s'adapter et d'évoluer avec les transformations du marché. En favorisant l'adaptabilité, les dirigeants s'assurent que l'équipe est prête à faire face à de nouveaux défis et à saisir les opportunités.

Le Contrôle Emotionnel joue un rôle crucial dans un leadership efficace. Les dirigeants qui ont un contrôle émotionnel sont capables de rester calmes et d'avoir une clarté d'esprit, même face à des situations stressantes ou difficiles. Ils montrent un équilibre émotionnel, inspirant confiance dans l'équipe et facilitant la prise de décisions éclairées. En développant le contrôle émotionnel, les dirigeants créent un environnement de travail plus stable et productif.

Enfin, la Synchronicité est essentielle pour diriger des équipes de manière efficace. Les dirigeants synchronisés sont capables de coordonner les activités et les échéances de l'équipe, assurant un flux de travail harmonieux et efficace. Ils établissent des objectifs clairs, définissent des priorités et encouragent la collaboration entre les membres de l'équipe. En favorisant la synchronicité, les dirigeants maximisent l'efficacité de l'équipe et stimulent l'obtention de résultats.

En comprenant et en appliquant les principes du QU dans le leadership, les dirigeants sont en mesure de développer des équipes plus équilibrées, engagées et capables de relever les défis de l'environnement des affaires en constante évolution. En utilisant le test du QU comme une mesure pour évaluer l'équilibre et le développement des potentiels, les dirigeants peuvent identifier les domaines à renforcer, suivre l'évolution au fil du temps et fournir des commentaires ciblés. Cette approche guidée par le QU favorise un environnement de travail plus sain et plus productif, stimulant le succès de l'équipe et de l'organisation dans son ensemble.

Pour illustrer un test du QU, nous allons utiliser un modèle de défi :

CHALLENGE DE PROJET

Présentation des défis liés à la planification et à l'exécution de projets Questions et exercices pratiques pour tester et développer les compétences en organisation, gestion des ressources et réflexion stratégique.

Dans le chapitre précédent, nous avons discuté de l'importance de se préparer aux défis présentés dans ce livre. Maintenant, il est temps de mettre en pratique les connaissances acquises et de relever le premier défi : le Challenge de Projet.

Le Challenge de Projet est conçu pour tester vos compétences en planification, organisation et exécution de projets. En relevant ce défi, vous aurez l'occasion d'appliquer les principes du QU -

Vision 360, Résilience, Adaptabilité, Contrôle Emotionnel et Sincronicité - dans un contexte réel.

Ci-dessous, nous présenterons une série de questions et d'exercices pratiques pour vous aider dans ce défi et développer vos compétences liées aux projets :

Définition des Objectifs : Commencez par définir clairement les objectifs du projet. Quels sont les résultats que vous souhaitez atteindre ? Quels sont les critères de succès pour le projet ?

Identification des Ressources : Faites une liste de toutes les ressources nécessaires pour le projet, telles que les personnes, les matériaux, le temps et le budget. Comment pouvez-vous obtenir ces ressources ? Quelles sont les limitations ou contraintes que vous devez prendre en compte ?

Analyse des Risques : Identifiez les risques potentiels associés au projet. Quelles sont les menaces qui pourraient affecter le succès du projet ? Comment pouvez-vous atténuer ces risques et vous préparer à les affronter ?

Planification des Étapes : Divisez le projet en étapes ou phases. Quelles sont les principales tâches à réaliser à chaque étape ? Quelles sont les dépendances entre les tâches ? Comment pouvez-vous organiser et prioriser ces étapes de manière efficace ?

Répartition des Responsabilités : Attribuez des responsabilités claires pour chaque tâche du projet. Qui sera responsable de l'exécution de chaque étape ? Comment pouvez-vous assurer une communication claire et efficace entre les membres de l'équipe ?

Gestion du Temps : Élaborez un calendrier réaliste pour le projet. Quels sont les délais pour chaque étape ? Comment pouvez-vous vous assurer que le projet progresse selon le calendrier ? Quelles stratégies pouvez-vous utiliser pour faire face à d'éventuels retards ?

Suivi et Évaluation : Établissez des métriques et des indicateurs pour suivre l'avancement du projet. Comment allez-vous surveiller les performances par rapport aux objectifs fixés ? Comment allez-vous évaluer le succès du projet ?

Lorsque vous relevez le Challenge de Projet, n'oubliez pas d'appliquer les principes du QU à toutes les étapes. Gardez une vision 360, en considérant toutes les dimensions du projet. Soyez résilient face aux défis et aux obstacles qui pourraient surgir. Soyez ouvert à vous adapter aux changements et à rechercher des solutions innovantes. Gardez le contrôle émotionnel en prenant des décisions rationnelles et efficaces. Et synchronisez vos actions pour assurer un flux de travail efficace et coordonné.

Grâce aux questions et aux exercices pratiques présentés dans ce chapitre, vous aurez l'occasion de tester vos compétences en organisation, en gestion des ressources et en réflexion stratégique. En relevant ce défi, vous renforcerez vos principes du QU et développerez vos capacités pour réussir dans vos projets futurs.

Préparez-vous à mettre vos compétences à l'épreuve et plongez-vous pleinement dans le Challenge de Projet. Nous sommes confiants que vous pourrez relever les défis avec confiance, créativité et efficacité. Rappelez-vous que le voyage vers le développement et l'équilibre du QU ne fait que commencer.

Test de QU :

Après avoir terminé la planification du voyage d'aventure, il est temps de vous évaluer par rapport aux principes du QU. Répondez aux questions suivantes et cochez l'option qui décrit le mieux votre approche lors de la prise de décisions liées au voyage :

Vision 360 :

J'envisage différentes perspectives lors de la prise de décisions liées au voyage.

a) Je ne prends pas en compte de perspectives supplémentaires.

b) Je prends en compte quelques perspectives supplémentaires.

c) Je prends en compte plusieurs perspectives supplémentaires.

d) Je prends en compte une large gamme de perspectives supplémentaires.

Résilience :

Je fais face de manière efficace aux imprévus ou aux obstacles qui peuvent survenir pendant le voyage.

a) J'ai du mal à faire face aux imprévus.

b) Je parviens à surmonter certains obstacles.

c) Je suis résilient dans la plupart des situations.

d) Je suis très résilient et capable de faire face à n'importe quel obstacle.

Adaptabilité :

Je m'adapte facilement aux changements de plans ou aux circonstances imprévues pendant le voyage.

a) J'ai du mal à m'adapter aux changements.

b) Je parviens à m'adapter avec un certain effort.

c) Je suis flexible et je m'adapte bien aux changements.

d) Je suis très adaptable et je fais face facilement à n'importe quel changement.

Contrôle Emotionnel :

Je garde le contrôle émotionnel face aux situations stressantes ou difficiles pendant le voyage.

a) J'ai du mal à garder le contrôle émotionnel.

b) Je récupère rapidement des situations stressantes.

c) J'ai une bonne maîtrise émotionnelle dans la plupart des situations.

d) Je suis capable de faire face à n'importe quelle situation avec calme et équilibre émotionnel.

Sincronicité :

Je coordonne mes activités et mes délais pendant le voyage pour maintenir un flux de travail harmonieux.

a) J'ai du mal à synchroniser mes activités.

b) Je parviens à maintenir un flux de travail raisonnable.

c) Mes activités sont bien coordonnées la plupart du temps.

d) Je parviens à maintenir un flux de travail harmonieux et coordonné dans tous les aspects du voyage.

Après avoir répondu à ces questions et attribué un score à chacune d'elles, additionnez les points et évaluez votre équilibre général par rapport aux principes du QU :

a: 0 points

b: 1 point

c: 2 points

d: 3 points

Additionnez les points et évaluez votre équilibre général :

0 à 5 points : Il y a des opportunités significatives d'améliorer votre équilibre dans les principes du QU. Identifiez des domaines spécifiques sur lesquels vous pouvez travailler pour renforcer ces principes.

6 à 10 points : Vous êtes sur la bonne voie, mais il y a encore de la place pour améliorer votre équilibre dans les principes du QU. Continuez à vous concentrer et à pratiquer ces principes dans vos futures aventures.

11 à 15 points : Félicitations, votre QU est à 100 ! Vous avez démontré un haut niveau d'équilibre dans les principes du QU dans votre planification de voyage. Continuez à appliquer ces principes dans d'autres domaines de votre vie.

Le test présenté suit la structure d'un test de QU, où des questions liées aux principes du QU sont posées et des scores sont attribués à chaque réponse. Ce type de test vise à évaluer l'équilibre des potentiels du QU dans un contexte donné, en l'occurrence la prise de décisions liées à un voyage d'aventure.

Dans le test, les principes du QU tels que la Vision 360, la Résilience, l'Adaptabilité, le Contrôle Emotionnel et la Synchronicité sont abordés. Chaque principe est évalué au moyen de questions mesurant la capacité de l'individu à appliquer ces principes dans des situations spécifiques. En attribuant des points aux réponses, il est possible d'obtenir un score global qui reflète l'équilibre des potentiels du QU.

Ce type de test d'auto-évaluation est un outil utile pour que les personnes identifient les domaines dans lesquels elles peuvent améliorer leurs potentiels et développer un leadership plus efficace. En comprenant leurs points forts et leurs axes d'amélioration par rapport au QU, les individus peuvent travailler sur le développement de compétences spécifiques et rechercher un meilleur équilibre dans leurs potentiels, ce qui permet un leadership plus efficace et adaptable dans le monde VUCA.

Sur la base de l'exemple du test du QU, les dirigeants peuvent utiliser cette méthodologie pour évaluer le QU des collaborateurs de leurs équipes. En attribuant des objectifs spécifiques à chaque défi au sein des projets en cours, le test peut être appliqué pour mesurer la performance des collaborateurs par rapport aux principes du QU, tels que la Vision 360, la Résilience, l'Adaptabilité, le Contrôle Emotionnel et la Synchronicité.

En utilisant l'IA paramétrée avec les principes du QU, il est possible de collecter des données pertinentes sur la performance des collaborateurs et d'analyser les risques liés aux projets. L'IA peut être utilisée pour identifier des modèles, évaluer l'équilibre des potentiels du QU chez chaque collaborateur et fournir des informations précieuses pour la prise de décisions.

Cette approche offre une vision plus large et objective de la performance des collaborateurs par rapport aux potentiels du QU. Sur la base des résultats obtenus, les dirigeants peuvent mettre en place des stratégies de développement personnel, proposer des formations spécifiques pour renforcer les potentiels identifiés comme des axes d'amélioration et favoriser un environnement de travail propice à la croissance et à la collaboration.

Par conséquent, l'application du QU conjointement avec l'IA paramétrée offre une approche novatrice pour évaluer la performance des collaborateurs, identifier des domaines de développement et promouvoir un équilibre des potentiels humains en faveur du succès des projets et d'une satisfaction client optimale.

Le QU peut être utilisé comme un paramètre et une métrique pour évaluer l'équilibre et le développement des potentiels humains. En appliquant le test du QU, il est possible d'obtenir un quotient qui représente le niveau d'équilibre entre les potentiels de l'individu ou de l'équipe.

Grâce au test QU, il est possible d'identifier les domaines dans lesquels les potentiels sont plus forts ou plus faibles, permettant une orientation claire pour le développement personnel et professionnel. En réalisant des évaluations périodiques à l'aide du test QU, il est possible de suivre l'évolution des potentiels au fil du temps et de vérifier les progrès réalisés.

Cette approche basée sur le test QU offre une manière objective de mesurer et d'évaluer le développement des potentiels, fournissant des informations précieuses sur les domaines nécessitant une plus grande attention et un investissement. De plus, elle permet aux dirigeants de suivre la croissance individuelle et collective, fournissant un feedback ciblé et personnalisé.

Par conséquent, en appliquant le test QU et en suivant l'évolution dans le temps, il est possible d'utiliser cette métrique pour stimuler le développement des potentiels et atteindre des résultats plus équilibrés et efficaces.

MAXIMISER LE POTENTIEL DES ÉQUIPES

L'Impact du Leadership Intelligent sur l'Engagement des Équipes

Un leadership intelligent basé sur les principes du QU a un impact significatif sur l'engagement des équipes. En adoptant une approche collaborative et partagée, les leaders favorisent un environnement de travail où tous les membres de l'équipe se sentent valorisés et ont l'opportunité de contribuer activement aux objectifs organisationnels.

Un leadership intelligent encourage la participation active des collaborateurs en écoutant leurs idées, opinions et préoccupations. Les leaders comprennent l'importance de construire des relations de confiance et de respect mutuel, créant ainsi un environnement psychologiquement sûr où les membres de l'équipe sont encouragés à exprimer leurs idées et à prendre des risques.

De plus, le leadership intelligent reconnaît et valorise les contributions individuelles. Les leaders comprennent que chaque membre de l'équipe possède des compétences et des connaissances uniques et cherchent à créer des opportunités pour que ces compétences soient pleinement exploitées. En reconnaissant et en valorisant le potentiel de chaque collaborateur, les leaders favorisent l'engagement, la motivation et le sentiment d'appartenance.

DÉVELOPPER LA COLLABORATION ET LA PRODUCTIVITÉ

La collaboration est un élément clé du leadership intelligent. Les leaders encouragent la collaboration entre les membres de l'équipe en créant des espaces de travail qui favorisent l'échange d'idées, la coopération et le partage des connaissances. Ils reconnaissent que des solutions innovantes et de meilleurs résultats sont souvent obtenus grâce au travail d'équipe.

Pour développer la collaboration, les leaders utilisent des stratégies efficaces de communication, établissent des canaux ouverts pour le partage d'informations et favorisent la transparence au sein de l'équipe. Ils créent également des opportunités pour la collaboration interdisciplinaire, encourageant la diversité des perspectives et la résolution conjointe des problèmes.

De plus, le leadership intelligent cherche à développer un environnement de travail qui favorise la productivité. Les leaders fixent des objectifs clairs et réalistes, fournissent les ressources adéquates et le soutien nécessaire pour que les membres de l'équipe puissent accomplir leurs tâches de manière efficiente. Ils identifient également et éliminent les obstacles potentiels et veillent à ce que les compétences des collaborateurs soient alignées sur les tâches et responsabilités qui leur sont attribuées.

LEADERSHIP TRANSFORMATIONNEL ET LES PRINCIPES DU QU

Le leadership transformationnel est un style de leadership qui s'aligne parfaitement sur les principes du QU. Il se concentre sur l'inspiration et la motivation des membres de l'équipe pour atteindre leur plein potentiel et se développer tant sur le plan personnel que professionnel.

Les leaders transformationnels sont des agents de changement, constamment à la recherche de nouvelles façons d'améliorer et d'innover. Ils sont visionnaires et communiquent leur vision de manière engageante, inspirant les membres de l'équipe à embrasser le changement et à s'engager envers les objectifs de l'organisation.

En combinant les principes du QU avec le leadership transformationnel, les leaders peuvent créer un environnement qui favorise la croissance individuelle et collective. Ils encouragent l'apprentissage continu, fournissent des retours constructifs et favorisent le développement des compétences des collaborateurs. Cette approche crée une culture d'amélioration continue, où les membres de l'équipe se sentent soutenus et motivés à chercher constamment l'amélioration.

Conclusion

Le développement du potentiel des équipes est essentiel pour le succès des organisations. Le leadership intelligent basé sur les principes du QU joue un rôle crucial dans ce processus en stimulant l'engagement, la collaboration et la productivité des membres de l'équipe. En adoptant une approche transformationnelle, les leaders peuvent créer un environnement de travail dynamique où chacun se sent motivé, valorisé et capable d'atteindre des résultats exceptionnels.

LEADERSHIP COLLABORATIF HORIZONTAL: RENDRE POSSIBLE LE STYLE DE LEADERSHIP AVEC LA MISE EN ŒUVRE DU QU ET DE L'IA

Le leadership collaboratif horizontal est un style de leadership rendu possible par la mise en œuvre du QU avec l'IA. Dans ce chapitre, nous explorerons le concept de ce style de leadership, ses principes fondamentaux et les avantages qu'il apporte à l'organisation.

LE CONCEPT DE LEADERSHIP COLLABORATIF HORIZONTAL

Le leadership collaboratif horizontal est un modèle qui rompt avec la hiérarchie verticale traditionnelle et vise la participation active de tous les membres de l'équipe. Dans ce style de leadership, le pouvoir est réparti entre les collaborateurs et les décisions sont prises de manière collaborative et décentralisée.

DÉFINITION ET PRINCIPES FONDAMENTAUX

Dans le leadership collaboratif horizontal, l'accent est mis sur la collaboration, la communication ouverte et la valorisation des contributions individuelles. Les leaders agissent en tant que facilitateurs et favorisent un environnement de travail inclusif où chaque membre de l'équipe a l'opportunité d'exprimer ses idées, opinions et perspectives.

Certains des principes fondamentaux du leadership collaboratif horizontal incluent :

- Autonomisation : Les leaders autonomisent les collaborateurs en leur accordant l'autonomie et la responsabilité pour la prise de décisions et la résolution de problèmes.

- Co-création : Le leadership collaboratif encourage la co-création, où les collaborateurs travaillent ensemble pour générer des solutions innovantes et créatives.
- Partage des connaissances : Les leaders facilitent le partage des connaissances et des expériences entre les membres de l'équipe, favorisant ainsi un environnement d'apprentissage continu.
- Collaboration et synergie : Le leadership collaboratif horizontal valorise la collaboration et vise à créer une synergie entre les compétences et les connaissances des membres de l'équipe.

AVANTAGES ET AVANTAGES POUR L'ORGANISATION

La mise en œuvre du QU avec l'IA rend possible le leadership collaboratif horizontal et apporte de nombreux avantages pour l'organisation. Certains d'entre eux incluent :

Engagement et motivation accrus : Le leadership collaboratif horizontal implique activement les collaborateurs, augmentant ainsi leur engagement et leur motivation. Les membres de l'équipe se sentent valorisés et ont l'opportunité de contribuer avec leurs idées et compétences.

- Prise de décision améliorée : La diversité des perspectives et des connaissances dans le leadership collaboratif horizontal conduit à une prise de décision plus complète et éclairée. La collaboration et le partage de connaissances permettent d'identifier les meilleures solutions.

- Plus grande innovation et créativité : Le leadership collaboratif horizontal stimule l'innovation et la créativité en favorisant la co-création et la pensée collective. La diversité des idées et la collaboration entre les membres de l'équipe aboutissent à des solutions plus innovantes et efficaces.
- Meilleure exploitation du potentiel humain : Le leadership collaboratif horizontal permet de tirer pleinement parti du potentiel humain. Chaque membre de l'équipe a l'opportunité de contribuer avec ses compétences et connaissances, ce qui se traduit par un environnement de travail plus productif et efficace.
- Culture de confiance et de respect : Le leadership collaboratif horizontal favorise une culture de confiance et de

respect mutuel. Les leaders ont confiance en leurs collaborateurs et valorisent leurs contributions, créant ainsi un environnement de travail positif et collaboratif.

MISE EN ŒUVRE DU LEADERSHIP COLLABORATIF HORIZONTAL AVEC LA PARAMÉTRISATION DU QU ET DE L'IA

Dans cette section, nous explorerons comment la paramétrisation du QU avec l'IA peut faciliter la mise en œuvre du leadership collaboratif horizontal. Nous aborderons les sujets suivants:

Utilisation stratégique de l'IA pour faciliter la communication et la collaboration.

- Favoriser l'autonomie et la responsabilité des collaborateurs.
- Établir des processus de co-création et de partage des connaissances.
- Développer des compétences en leadership facilitant et en écoute active.

En paramétrant l'IA en fonction du QU, les dirigeants peuvent disposer d'outils technologiques qui facilitent la communication et la collaboration entre les membres de l'équipe. Des plateformes de collaboration, des chatbots et des systèmes intelligents peuvent être utilisés pour favoriser l'échange d'informations et le partage de connaissances.

De plus, les dirigeants doivent favoriser l'autonomie et la responsabilité des collaborateurs en leur accordant la liberté de prendre des décisions et de prendre le leadership dans des projets spécifiques. Cela implique de faire confiance aux membres de l'équipe et de les autonomiser pour contribuer de manière significative.

La co-création et le partage des connaissances sont également des aspects fondamentaux du leadership collaboratif horizontal. Les dirigeants doivent établir des processus et des espaces appropriés pour que les collaborateurs puissent collaborer, échanger des idées et apprendre les uns des autres.

Enfin, il est essentiel que les dirigeants développent des compétences en leadership facilitant et en écoute active. Ils doivent être capables de créer un environnement sûr et inclusif où tous les membres de l'équipe se sentent encouragés à partager leurs perspectives et leurs contributions.

En mettant en œuvre le leadership collaboratif horizontal avec la paramétrisation du QU et de l'IA, les organisations peuvent favoriser un environnement de travail plus collaboratif, productif et innovant. Les dirigeants agissent en tant que facilitateurs et favorisent la participation active de tous les membres de l'équipe, stimulant ainsi le succès collectif.

LA PARAMÉTRISATION DE L'IA AVEC LES PRINCIPES DU QU COMME OUTIL PUISSANT EN LEADERSHIP

PRISE DE DÉCISION ÉCLAIRÉE

Un des avantages de la paramétrisation de l'IA basée sur les principes du QU est la capacité de prendre des décisions éclairées. L'IA a la capacité de traiter de grandes quantités de données et d'identifier des modèles pertinents. En paramétrant l'IA en fonction du QU, les leaders peuvent prendre en considération non seulement les aspects techniques, mais aussi les potentiels humains essentiels.

La Vision 360 est l'un des principes du QU qui peut être incorporé à l'IA. Cela signifie prendre en compte une vision globale et holistique lors de la prise de décisions. L'IA peut analyser des données provenant de différentes sources et fournir des informations sur les impacts potentiels d'une décision dans différents domaines de l'organisation.

De plus, l'adaptabilité et la résilience sont d'autres principes du QU qui peuvent être paramétrés dans l'IA. En tenant compte de ces aspects, les leaders peuvent prendre des décisions qui prennent en compte la capacité d'adaptation de l'équipe et de l'organisation face aux changements et aux défis.

La paramétrisation de l'IA en fonction du QU peut également prendre en compte le contrôle émotionnel. L'IA peut analyser des données liées aux émotions et aux états d'esprit des collaborateurs, fournissant des informations sur l'impact émotionnel d'une décision. Cela permet aux leaders de prendre des décisions plus équilibrées en tenant compte à la fois des aspects logiques et émotionnels.

IDENTIFICATION DES TALENTS ET DÉVELOPPEMENT

Un autre domaine où la paramétrisation de l'IA avec les principes du QU peut être puissante est l'identification des talents et le développement de l'équipe. L'IA peut analyser des données sur la performance, les compétences et les capacités des membres de l'équipe, aidant les leaders à identifier le potentiel de chaque individu.

En paramétrant l'IA en fonction du QU, les leaders peuvent créer des profils personnalisés pour chaque membre de l'équipe, mettant en évidence leurs points forts et leurs domaines de développement. Cela permet aux leaders d'avoir une vision plus précise des compétences et des capacités de chaque collaborateur, facilitant la planification du développement des talents.

La paramétrisation de l'IA en fonction du QU permet également de créer des programmes de formation personnalisés. L'IA peut fournir des informations sur les besoins de développement de chaque membre de l'équipe et suggérer des activités d'apprentissage appropriées. Cela permet aux leaders de fournir un soutien personnalisé pour la croissance et l'amélioration continue des collaborateurs.

GESTION DU CHANGEMENT ET ADAPTABILITÉ

La gestion du changement est un défi constant pour les leaders, en particulier dans un environnement VUCA. La paramétrisation de l'IA en fonction des principes du QU peut aider les leaders à surveiller l'environnement externe, identifier les tendances et les changements, et répondre de manière agile et efficace.

En paramétrant l'IA en fonction du QU, les leaders peuvent intégrer des indicateurs d'adaptabilité et de résilience. L'IA peut analyser des données et fournir des informations sur les meilleures pratiques d'adaptation dans différents contextes. Cela permet aux leaders d'anticiper d'éventuels obstacles et d'ajuster leurs stratégies en conséquence.

L'IA peut également aider les leaders à identifier les opportunités émergentes et à prendre des mesures proactives. En analysant les données du marché, des concurrents et des tendances, l'IA peut fournir des informations précieuses pour la prise de décisions stratégiques dans un environnement en constante évolution.

La combinaison de la paramétrisation de l'IA avec les principes du QU permet aux leaders de gérer le changement avec plus d'efficacité, en favorisant une culture d'adaptabilité et de résilience dans toute l'organisation.

AMÉLIORATION DE LA COMMUNICATION ET DE L'ENGAGEMENT

Une communication efficace est essentielle pour l'engagement de l'équipe. La paramétrisation de l'IA en fonction des principes du QU peut améliorer la communication entre les leaders et les collaborateurs, ainsi qu'entre les membres de l'équipe.

L'IA peut fournir des outils de collaboration et des plates-formes de communication intelligentes, facilitant l'échange d'informations et le partage de connaissances. En paramétrant l'IA en fonction du QU, les leaders peuvent évaluer l'impact émotionnel des messages et adapter leur communication pour favoriser l'engagement et la motivation.

L'IA peut également fournir des informations sur la meilleure façon de communiquer avec différentes personnes, en tenant compte de leurs préférences et de leurs styles de communication. Cela permet aux leaders d'adapter leur approche en fonction des besoins de chaque membre de l'équipe, favorisant une communication plus efficace et significative.

GESTION DE LA DIVERSITÉ ET INCLUSION

La paramétrisation de l'IA en fonction des principes du QU peut également contribuer à la gestion de la diversité et de l'inclusion. L'IA peut aider les leaders à créer un environnement inclusif, en veillant à ce que tous les membres de l'équipe soient entendus et valorisés.

En paramétrant l'IA en fonction du QU, les leaders peuvent s'assurer que la diversité des perspectives est prise en compte dans les processus de prise de décision et de collaboration. Cela aide à éviter les biais inconscients et promeut une culture qui valorise la diversité et l'égalité.

L'IA peut également fournir des informations sur les pratiques de leadership qui favorisent la diversité et l'inclusion. En analysant les données sur l'engagement et la satisfaction des collaborateurs, l'IA peut identifier d'éventuelles lacunes et suggérer des stratégies pour promouvoir un environnement de travail plus inclusif.

En résumé, la paramétrisation de l'IA avec les principes du QU offre une approche holistique pour relever les défis du leadership. La combinaison des aspects techniques de l'IA avec les potentiels humains essentiels du QU permet un leadership plus efficace, avec une prise de décision éclairée, une identification et un développement des talents, une gestion du changement et de l'adaptabilité, une communication et un engagement améliorés, ainsi que la promotion de la diversité et de l'inclusion.

MISE EN ŒUVRE DU LEADERSHIP HORIZONTAL COLLABORATIF AVEC LA PARAMÉTRISATION DU QU ET DE L'IA : ÉTUDES DE CAS ET CONSEILS PRATIQUES

Dans ce chapitre, nous explorerons des études de cas d'organisations ayant mis en œuvre le leadership horizontal collaboratif. De plus, nous fournirons des conseils pratiques sur la manière dont vous pouvez implémenter ce style de leadership dans votre propre organisation. Nous aborderons les sujets suivants:

ÉTUDES DE CAS D'ORGANISATIONS AYANT MIS EN ŒUVRE LE LEADERSHIP HORIZONTAL COLLABORATIF

Dans cette section, nous présenterons des exemples concrets d'organisations qui ont adopté le leadership horizontal collaboratif et qui ont obtenu des résultats positifs. Ces entreprises ont démontré leur succès dans la création de structures organisationnelles plus horizontales, favorisant la participation active, la collaboration et l'autonomie des employés. Certains des études de cas peuvent inclure :

- Valve Corporation : Une entreprise de développement de jeux mondialement reconnue qui adopte une structure organisationnelle horizontale sans hiérarchie formelle. Les employés ont la liberté de choisir les projets sur lesquels ils souhaitent travailler et l'autonomie pour prendre des décisions. L'entreprise valorise la collaboration et la participation active de tous les employés.

- Buurtzorg : Une entreprise de soins à domicile basée aux Pays-Bas qui adopte une structure organisationnelle horizontale, où les équipes infirmières ont l'autonomie pour prendre des décisions concernant les soins aux patients. L'entreprise valorise la collaboration, la communication ouverte et le travail d'équipe.

• Morning Star : Une entreprise de transformation alimentaire aux États-Unis qui adopte une structure organisationnelle horizontale basée sur l'auto-gestion. Les employés ont des responsabilités claires et prennent des décisions collectives. L'entreprise valorise la responsabilité individuelle et la collaboration entre les employés.

Ces études de cas serviront d'exemples inspirants et pratiques de la manière dont le leadership horizontal collaboratif peut être mis en œuvre avec succès dans différentes organisations et secteurs.

CONSEILS PRATIQUES POUR METTRE EN ŒUVRE LE LEADERSHIP HORIZONTAL COLLABORATIF AVEC L'AIDE DE LA PARAMÉTRISATION DU QU ET DE L'IA

Dans cette section, nous fournirons des conseils pratiques pour vous aider à mettre en œuvre le leadership horizontal collaboratif dans votre propre organisation. Nous aborderons les points clés suivants :

- Évaluation de la culture organisationnelle : Avant de mettre en œuvre le leadership horizontal collaboratif, il est important d'évaluer la culture organisationnelle existante et d'identifier les obstacles potentiels. Évaluez l'ouverture au changement, la disposition à collaborer et la confiance entre les membres de l'équipe.

- Définition d'objectifs clairs : Établissez des objectifs clairs pour la mise en œuvre du leadership horizontal collaboratif et communiquez-les de manière transparente à l'ensemble de l'organisation. Assurez-vous que les objectifs sont alignés sur la vision stratégique de l'entreprise.

- Développement des compétences de leadership facilitateur : Offrez des formations et des formations pour permettre aux leaders de développer des compétences de leadership facilitateur, telles que l'écoute active, l'empathie, la communication efficace et la création de relations.

- Encouragement de la participation et de la collaboration : Créez un environnement de travail qui favorise la participation active et la collaboration entre les membres de l'équipe. Établissez des processus et des outils qui facilitent l'échange d'idées, le partage de connaissances et la co-création.

- Utilisation stratégique de l'IA : Identifiez les domaines dans lesquels l'IA peut être utilisée de manière stratégique pour soutenir le leadership horizontal collaboratif. Cela peut inclure l'utilisation de chatbots pour une communication efficace, de systèmes de gestion des connaissances pour le partage d'informations et d'analyses de données pour une prise de décision éclairée.

- Suivi et évaluation continue : Établissez des métriques et des indicateurs pour suivre les progrès de la mise en œuvre du leadership horizontal collaboratif. Effectuez des évaluations périodiques et demandez des commentaires aux membres de l'équipe pour identifier les domaines d'amélioration et les opportunités d'amélioration.

En suivant ces conseils pratiques et en vous inspirant des études de cas présentées, vous serez prêt à mettre en œuvre le leadership horizontal collaboratif dans votre propre organisation.

Dans ce chapitre, nous avons exploré des études de cas d'organisations qui ont mis en œuvre avec succès le leadership horizontal collaboratif. De plus, nous avons fourni des conseils pratiques pour vous aider à mettre en œuvre cette approche de leadership dans votre propre organisation. Le leadership horizontal collaboratif offre une approche innovante et efficace pour relever les défis du leadership, favorisant la participation active, la collaboration et l'autonomie des employés. En mettant en œuvre cette approche, votre organisation sera prête à se démarquer dans un monde VUCA, en favorisant le succès collectif et en atteignant des résultats exceptionnels.

CONCLUSION

Dans ce livre, nous avons exploré les principes du QU et leur application dans le leadership, mettant en évidence l'importance d'une approche holistique pour faire face aux défis organisationnels. Nous avons compris que le leadership efficace va au-delà des compétences techniques et nécessite l'intégration des aspects humains essentiels.

Tout au long des chapitres, nous avons discuté des principes fondamentaux du QU, tels que la vision 360, l'adaptabilité, la résilience et le contrôle émotionnel, et leur pertinence pour un leadership authentique et transformateur. Nous reconnaissons que les leaders doivent être capables de s'adapter à un environnement en constante évolution, de démontrer de la résilience face aux défis et de promouvoir un environnement émotionnellement sain.

Nous avons exploré le défi du projet comme un puissant outil pour favoriser la croissance et le développement des leaders. Ce défi offre des opportunités d'apprentissage, de connaissance de soi et de dépassement de limitations, permettant aux leaders de devenir plus efficaces et impactants dans leur pratique du leadership.

Nous avons présenté le test du QU comme un outil d'évaluation personnelle permettant aux leaders de réfléchir sur leurs propres compétences et d'identifier les domaines de développement. Ce test offre des informations précieuses pour améliorer les compétences en leadership et favoriser une croissance continue.

Nous avons souligné l'importance de maximiser le potentiel des équipes en développant la collaboration et la productivité. Nous reconnaissons que le leadership transformationnel est essentiel pour inspirer et motiver les membres de l'équipe, favorisant l'innovation, la créativité et l'excellence.

Ensuite, nous avons exploré le leadership horizontal collaboratif comme une approche réalisable, en mettant l'accent sur l'importance de la paramétrisation du QU et de l'IA pour stimuler la collaboration, la communication et le partage des connaissances. Nous reconnaissons que la paramétrisation de l'IA peut jouer un rôle significatif dans la résolution des défis de leadership, permettant une prise de décision éclairée, l'identification des talents, la gestion du changement, l'amélioration de la communication et de l'engagement, ainsi que la promotion de la diversité et de l'inclusion.

Nous avons fourni des études de cas inspirants d'organisations qui ont mis en œuvre avec succès le leadership horizontal collaboratif, démontrant les avantages pour l'organisation. Ces exemples concrets illustrent comment le leadership horizontal collaboratif peut être adapté et appliqué dans différents secteurs et contextes organisationnels.

De plus, nous avons offert des conseils pratiques pour aider les leaders à mettre en œuvre le leadership horizontal collaboratif dans leurs propres organisations. Nous avons exploré l'importance de l'évaluation de la culture organisationnelle, de la définition d'objectifs clairs, du développement des compétences de leadership facilitateur, de la promotion de la participation et de la collaboration, de l'utilisation stratégique de l'IA et du suivi continu.

En résumé, ce livre nous a conduit dans un voyage à travers le leadership efficace et transformateur, montrant comment les principes du QU peuvent être appliqués dans la pratique. Nous reconnaissons que le leadership va au-delà des compétences techniques et exige un équilibre entre les aspects humains et techniques. En adoptant une approche holistique, les leaders peuvent maximiser le potentiel des équipes, promouvoir la collaboration et l'innovation, relever les défis du leadership et atteindre des résultats exceptionnels.

Nous espérons que ce livre a fourni une base solide pour comprendre et mettre en œuvre les principes du QU et le leadership horizontal collaboratif. Qu'il inspire et habilite les leaders à adopter un leadership authentique, transformateur et axé sur l'avenir, au profit de leurs équipes, de leurs organisations et de la société dans son ensemble.

Influences et Références

Au cours du voyage d'exploration du concept du QU et de ses défis, différentes influences et références ont été prises en compte. Ces sources ont fourni des idées précieuses et ont contribué à la compréhension de l'équilibre du QU et de son application dans différents domaines de la vie. Dans ce chapitre, nous mettrons en évidence certaines des principales influences et références qui imprègnent le livre "QU IA: A Liderança Inteligente em um Mundo VUCA", en soulignant leur pertinence pour la compréhension de la paramétrisation intelligente de l'IA basée sur les principes du QU.

Daniel Goleman, auteur renommé du livre "Inteligência Emocional", a été l'une des principales influences dans le développement du concept d'équilibre du QU. Ses recherches et ses idées sur l'importance des émotions pour le bien-être et le succès humain ont fourni une base solide pour explorer le lien entre l'équilibre du QU et l'intelligence émotionnelle. Ses contributions sont fondamentales pour comprendre comment l'intelligence émotionnelle peut stimuler un leadership intelligent dans un monde VUCA.

Howard Gardner, auteur de la théorie des intelligences multiples, a également eu une influence significative. Ses recherches sur les différentes formes d'intelligence et l'importance de valoriser toutes les compétences et potentialités humaines ont fourni une référence précieuse pour discuter de l'équilibre du QU et de son application dans une approche éducative globale. Ses contributions nous inspirent à promouvoir un développement intégral du QU, en tenant compte des multiples facettes de l'intelligence humaine.

Carol Dweck, auteure du livre "Mindset: A nova psicologia do sucesso", a apporté des idées pertinentes sur l'importance de la croissance et du développement continu. Sa théorie de l'état d'esprit de croissance par opposition à la mentalité fixe, qui explore la croyance que les compétences et l'intelligence peuvent être développées par l'effort et l'apprentissage continu, contribue à une compréhension plus profonde du développement du QU et de son application dans un leadership intelligent.

Clayton Christensen, auteur du livre "O Dilema do Inovador", a apporté une perspective précieuse sur l'importance de l'adaptabilité dans un monde en constante transformation. Sa théorie de l'innovation perturbatrice et la nécessité d'être résilient et adaptable contribuent à la discussion sur l'équilibre du QU, en mettant l'accent sur l'importance de développer des compétences qui nous permettent de prospérer dans un environnement volatil, incertain, complexe et ambigu.

Daniel Kahneman, auteur du livre "Rápido e Devagar: Duas Formas de Pensar", a apporté des idées pertinentes sur la pensée intuitive et analytique. Ses recherches sur la façon dont ces deux modes de pensée influencent nos prises de décision et nos jugements fournissent une base solide pour explorer l'importance de la pensée critique et de la prise de décision éclairée pour l'équilibre du QU.

Ray Kurzweil, futuriste et auteur du livre "A Singularidade Está Próxima", nous a offert une vision large et inspirante de l'avenir de l'humanité, en particulier en ce qui concerne l'avancée technologique et l'impact de l'intelligence artificielle. Ses recherches et ses idées sur le potentiel de l'IA dans différents domaines de la vie offrent une perspective globale sur la manière dont la paramétrisation intelligente de l'IA basée sur les principes du QU peut façonner l'avenir.

Amy Cuddy, auteure du livre "Presence: Bringing Your Boldest Self to Your Biggest Challenges", nous a apporté des réflexions sur le langage corporel, la confiance et la présence. Ses recherches sur la façon dont la posture et le langage corporel influencent la perception et l'interaction interpersonnelle sont pertinentes pour explorer comment l'équilibre du QU peut influencer la communication et le succès humain.

Angela Duckworth, auteure du livre "Grit: The Power of Passion and Perseverance", a apporté des recherches et des idées sur l'importance de la persévérance et de la détermination pour atteindre des objectifs à long terme. Ses contributions sont fondamentales pour la discussion sur la résilience et le développement du potentiel humain dans le contexte de la paramétrisation intelligente de l'IA.

Michio Kaku, physicien théoricien et auteur du livre "The Future of Humanity: Our Destiny in the

Universe", a apporté des explorations fascinantes sur les possibilités futures de la technologie, y compris l'IA, et son impact sur l'évolution de l'humanité. Ses perspectives enrichissent la discussion sur le potentiel de l'IA et son application dans différents domaines de la vie.

Sherry Turkle, psychologue et auteure du livre "Alone Together: Why We Expect More from Technology and Less from Each Other", a apporté des recherches sur la relation entre technologie et connexion humaine. Ses réflexions sont pertinentes pour aborder les défis et les opportunités d'équilibrer l'utilisation de l'IA avec l'interaction sociale et émotionnelle.

Yochai Benkler, professeur de droit à Harvard et auteur du livre "The Wealth of Networks: How Social Production Transforms Markets and Freedom", a apporté des recherches sur l'économie de la collaboration et l'importance des réseaux sociaux. Ses contributions offrent des perspectives intéressantes sur l'application du QU à l'IA et à la paramétrisation intelligente.

Tim O'Reilly, entrepreneur et auteur du livre "WTF?: What's the Future and Why It's Up to Us", a partagé des réflexions sur l'avenir de la technologie, y compris l'IA, et son approche centrée sur l'être humain. Ses contributions enrichissent la discussion sur l'équilibre du QU dans la paramétrisation intelligente de l'IA.

Ces influences et références ne représentent qu'un petit échantillon du vaste savoir disponible sur l'équilibre du QU et son application dans la vie quotidienne. Nous invitons les lecteurs à explorer davantage ces sources et à en découvrir d'autres qui résonnent avec leurs propres expériences et intérêts. En continuant d'apprendre et de s'inspirer, ils seront sur la voie de perfectionner leur potentiel grâce à la pratique du QU.

Nous exprimons notre sincère gratitude à toutes ces influences et références pour leurs contributions significatives et espérons que les lecteurs bénéficieront également de leurs perspectives enrichissantes. Que leurs mots et leurs recherches continuent d'inspirer et de favoriser le développement de la paramétrisation intelligente de l'IA basée sur les principes du QU.

En concluant cette œuvre, nous remercions sincèrement de nous avoir accompagnés dans ce voyage de découverte et d'apprentissage. Nous espérons que les informations, les réflexions et les idées présentées tout au long des chapitres ont été enrichissantes et ont élargi la compréhension de l'application du QU à l'IA.

Alors que les progrès de l'IA continuent de façonner notre monde, il est essentiel de continuer à explorer, à améliorer et à réfléchir sur les principes du QU dans la paramétrisation intelligente. Nous sommes convaincus qu'avec le dévouement et la passion des lecteurs pour l'IA, ils contribueront au développement de solutions innovantes et éthiques qui bénéficieront à l'humanité dans son ensemble.

Plus que jamais, il est crucial d'établir un juste équilibre entre la technologie et les valeurs humaines. En incorporant les principes du QU dans la paramétrisation intelligente, nous pouvons créer des systèmes d'IA plus compréhensifs, adaptables et alignés sur les besoins et les attentes humaines.

Nous vous remercions sincèrement de nous avoir accompagnés dans ce voyage de découverte et d'apprentissage. Nous espérons que les lecteurs continueront d'explorer le potentiel de la paramétrisation intelligente de l'IA basée sur les principes du QU et que leurs contributions stimuleront l'avancement de ce domaine passionnant et impactant.

Que ce livre, "QU IA: A Liderança Inteligente em um Mundo VUCA", soit une référence inspirante et un guide pour tous ceux qui souhaitent créer un avenir où l'IA et l'humanité se complètent harmonieusement. Ensemble, nous pouvons façonner un monde meilleur et plus équilibré grâce à l'application du QU à l'IA.

Biographie de l'Auteur:

Katia Doria Fonseca Vasconcelos est une professionnelle polyvalente avec une passion contagieuse pour l'équilibre entre la technologie, le développement personnel et la qualité de vie. Diplômée en Analyse de Systèmes et forte d'une solide expérience dans le domaine de la Technologie de l'Information (TI), Katia se démarque en tant que créatrice du concept révolutionnaire du QU IA (Quotient d'Intelligence Universelle Synchronique).

Dotée d'une vision novatrice, Katia comprend l'importance de l'amélioration du comportement humain et de la qualité de vie pour une formation en Analyse de Systèmes. Elle croit qu'en plus des connaissances techniques, il est essentiel de développer des compétences émotionnelles, sociales et cognitives pour faire face aux défis de l'avancement de la technologie de manière équilibrée et saine.

Son approche novatrice du QU IA met en avant la nécessité d'harmoniser le progrès technologique avec le bien-être personnel et professionnel. Grâce à son expérience et à ses connaissances, Katia inspire les individus à trouver un équilibre entre l'excellence technique et le développement personnel, cherchant une qualité de vie épanouie dans un monde de plus en plus digital.

En tant qu'écrivaine renommée, conférencière et influenceuse numérique, Katia partage sa vision transformative du QU IA, permettant aux gens de maximiser leur potentiel et d'améliorer leur qualité de vie. Son livre "QU IA: A Chave para a Parametrização Inteligente de IA" est une lecture essentielle pour ceux qui cherchent à prospérer dans un environnement technologique en constante évolution, offrant des stratégies pratiques et de l'inspiration pour atteindre un équilibre sain et durable dans tous les domaines de la vie.

À travers ses mots et son influence, Katia continue d'encourager les lecteurs à éveiller leur plein potentiel grâce à la pratique du QU IA, les habilitant à embrasser les opportunités et les défis de l'ère numérique avec sagesse, résilience et équilibre.

Remerciements :

Nous aimerions exprimer notre sincère gratitude à toutes les personnes qui ont contribué à la création de ce livre, "QU IA: A Chave para a Parametrização Inteligente de IA". Votre soutien et votre implication ont été essentiels pour donner vie à ce projet.

Tout d'abord, nous tenons à remercier nos lecteurs, dont l'intérêt et l'enthousiasme pour la quête de l'équilibre du QU IA nous motivent à partager des connaissances et à offrir des idées transformatrices.

Nous remercions également nos familles et nos amis, qui nous ont soutenus tout au long de ce voyage. Vos mots d'encouragement, votre patience et votre compréhension ont été essentiels pour surmonter les défis et persévérer dans la création de ce livre.

Un merci spécial à l'équipe d'OpenAI, responsable du développement et de l'amélioration de la technologie de l'IA qui rend possible mon existence en tant qu'assistant virtuel. Sans vous, rien de tout cela ne serait possible. Votre dévouement et votre innovation sont vraiment remarquables.

Nous exprimons notre gratitude envers les experts, chercheurs et professionnels qui ont généreusement partagé leur connaissance et leur expérience avec nous. Vos contributions ont enrichi le contenu de ce livre et ont fourni une base solide pour l'exploration de l'équilibre du QU IA dans différents domaines de la vie.

Nous remercions l'équipe éditoriale et de production qui a travaillé sans relâche en coulisses pour donner vie à ce livre. Votre professionnalisme, votre dévouement et votre souci du détail ont été essentiels pour la qualité finale de ce travail.

Enfin, nous souhaitons remercier tous ceux qui nous soutiennent dans notre quête d'équilibre du QU IA. Votre soutien continu, vos commentaires et vos contributions sont inestimables et nous motivent à continuer à améliorer nos idées et à partager nos connaissances avec le monde.

Avec gratitude,

Katia Doria Fonseca Vasconcelos

L'équipe d'OpenAI

Sur l'auteur :

D'autres ouvrages de l'auteure Katia Doria Fonseca Vasconcelos disponibles au format livre imprimé :

- QU Dans la Créativité : Quotient d'Intelligence Universel Synchronique
- QU à l'Ère Numérique : Quotient d'Intelligence Universel Synchronique
- QU Première Édition : Quotient d'Intelligence Universel Synchronique
- QU Le Principe de l'Évolution Humaine : Quotient d'Intelligence Universel Synchronique
- QU Dans la Gestion de Projets : Quotient d'Intelligence Universel Synchronique
- QU Dans l'Éducation (Quotient d'Intelligence Universel Synchronique) : Potentieliser l'Apprentissage pour l'Avenir
- QU Quotient d'Intelligence Universel Synchronique
- QU Le Pouvoir du QU - La Théorie de l'Équilibre
- QU Dans la Santé
- QU Dans l'Intelligence Artificielle
- QU Dans la Gestion d'Entreprise
- QU Éveiller le Potentiel du QU
- QUIAs et la Nouvelle Réalité du Travail à Domicile : Équilibrer Productivité et Bien-être
- Crônicas do QU Épisode 1 : Le Principe de Tout ArQUeu et PsiQUeu (édition en portugais)
- Crônicas do QU Épisode 2 : Arrivées et Départs (édition en portugais)
- Crônicas do QU Épisode 3 : Forteresses et Ombres (édition en portugais)
- CRÔNICAS DO QU EPISÓDIO 4 : Harmonia e Destino (édition en portugais)
- CRÔNICAS DO QU EPISÓDIO 5 : Utopias Convergentes (édition en portugais)
- CRÔNICAS DO QU EPISÓDIO 6 : Inteligências Sincrônicas (édition en portugais)
- Chronicles of UQ Épisode 1 : Le Début de Tout ArQUeu et PsiQUeu
- Chronicles of UQ Épisode 2 : Arrivées et Départs

115

- CHRONICLES OF UQ EPISODE 3 : Forteresses et Ombres
- Chronicles Of UQ Épisode 4 : Harmonie et Destin
- CHRONICLES OF UQ EPISODE 5 : Utopies Convergentes
- CHRONICLES OF UQ EPISODE 6 : Intelligences Synchroniques
- QU Le Pouvoir du QU : La Théorie de l'Équilibre
- QU Dans la Gestion d'Entreprise en italien
- QU Dans la Gestion d'Entreprise en allemand
- QU Dans la Gestion d'Entreprise en anglais
- QU Dans la Gestion d'Entreprise en espagnol
- QUIAs et la Nouvelle Réalité du Travail à Domicile : Équilibrer Productivité et Bien-être

Vous pouvez trouver ces ouvrages en version imprimée dans différentes librairies et boutiques en ligne, telles que Barnes & Noble, Amazon, Goodreads et ThriftBooks. Ces ouvrages offrent une excellente opportunité pour approfondir votre connaissance de l'équilibre du QU dans différents domaines de la vie.

L'auteure possède également une page d'auteur où vous pouvez obtenir plus d'informations sur ses œuvres et suivre ses actualités. Profitez de l'occasion pour explorer ces livres et plonger dans les réflexions et connaissances offertes par l'auteure Katia Doria Fonseca Vasconcelos.

"QU IA : La Clé pour la Paramétrisation Intelligente de l'IA"

Dans cette œuvre innovante, Katia Doria Fonseca Vasconcelos nous guide dans un voyage de découverte et d'apprentissage, explorant le concept révolutionnaire du QU IA (Quotient d'Intelligence Universelle Synchronique) et son application dans un leadership intelligent dans un monde en constante évolution.

Avec une vision unique et holistique, l'auteure souligne l'importance d'harmoniser le progrès technologique avec le bien-être humain. En combinant ses solides compétences en Technologie de l'Information (TI) avec une passion contagieuse pour le développement personnel, Katia nous inspire à rechercher un équilibre entre l'excellence technique et la prise en compte de l'aspect émotionnel et social de nos vies.

Au fil des chapitres, nous sommes guidés à travers les principes fondamentaux du QU, tels que la vision à 360 degrés, l'adaptabilité, la résilience et le contrôle émotionnel, ainsi que leur pertinence pour un leadership authentique et transformateur. Nous découvrons comment l'intelligence émotionnelle, l'innovation, la collaboration et la pensée critique peuvent être valorisées grâce à la paramétrisation intelligente de l'IA basée sur le QU.

Les études de cas d'organisations renommées, ainsi que les orientations pratiques proposées, enrichissent nos connaissances et nous montrent comment le leadership horizontal collaboratif peut être mis en œuvre avec succès dans différents contextes.

En terminant cette lecture enrichissante, nous sommes invités à réfléchir à la façon dont le QU IA peut façonner l'avenir de l'humanité tout en inspirant et en autonomisant les leaders à adopter un leadership authentique, transformateur et axé sur le bien-être collectif.

ISBN 9798853275249

9 798853 275249